SUR GRIN VOS CONNAISSANCES SE FONT PAYER

- Nous publions vos devoirs et votre thèse de bachelor et master

- Votre propre eBook et livre – dans tous les magasins principaux du monde

- Gagnez sur chaque vente

Téléchargez maintentant sur www.GRIN.com et publiez gratuitement

Bibliographic information published by the German National Library:

The German National Library lists this publication in the National Bibliography; detailed bibliographic data are available on the Internet at http://dnb.dnb.de .

This book is copyright material and must not be copied, reproduced, transferred, distributed, leased, licensed or publicly performed or used in any way except as specifically permitted in writing by the publishers, as allowed under the terms and conditions under which it was purchased or as strictly permitted by applicable copyright law. Any unauthorized distribution or use of this text may be a direct infringement of the author s and publisher s rights and those responsible may be liable in law accordingly.

Imprint:

Copyright © 1998 GRIN Verlag, Open Publishing GmbH
Print and binding: Books on Demand GmbH, Norderstedt Germany
ISBN: 9783668259225

This book at GRIN:

http://www.grin.com/fr/e-book/335868/l-influence-du-superstrat-francique-sur-la-phonologie-et-la-morphosyntaxe

Angelika Felser

L' influence du superstrat francique sur la phonologie et la morphosyntaxe de la langue gallo-romane

Ein Überblick zur Vorbereitung auf mündliche und schriftliche Prüfungen

GRIN Publishing

GRIN - Your knowledge has value

Since its foundation in 1998, GRIN has specialized in publishing academic texts by students, college teachers and other academics as e-book and printed book. The website www.grin.com is an ideal platform for presenting term papers, final papers, scientific essays, dissertations and specialist books.

Visit us on the internet:

http://www.grin.com/

http://www.facebook.com/grincom

http://www.twitter.com/grin_com

Table des matières

1 La phonologie 2
   1.1 Le h aspiré 2
   1.2 Le w bilabial 3
   1.3 La diphtongaison des voyelles en syllabe tonique et ouverte 5
   1.4 La spirantisation des occlusives intervocalique sonorisées 5
2 La morpho-syntaxe 6
Literaturverzeichnis 11

Toutes les langues germaniques exercèrent une influence sur le gallo-roman, ce qui se manifeste surtout au niveau du lexique. Pourtant, ce n'est que le francique qui a laissé ses traces dans le domaine de la phonologie aussi bien que dans celui de la morpho-syntaxe. Ce fait même renvoie à une longue relation intense entre les locuteurs du gallo-roman et ceux parlant le francique.

1 La phonologie

Le superstrat franc enrichit le système phonétique du gallo-roman du Nord de deux nouvelles consonnes: d'un côté le h dit aspiré, de l'autre le w bilabiale.

1.1 Le h aspiré

En français moderne, on distingue le h dit muet du h dit aspiré. Le h muet latin s'amuit déjà en latin classique. La graphie <h> témoigne encore aujourd'hui de ce son ancien. Des mots tels que homme, en font preuve.

Un nouveau h apparaît dans le Nord de la Gallo-Romania dû au contact intense des Gallo-Romains avec les Francs. C'est en empruntant du lexique franc tel que honte, hardi, hêtre, haine que ce son initial [x] représenté par <h> fut introduit à la langue gallo-romane parlée dans la partie septentrionale de la Gaule. Cependant, au cours du 16 e/17e siècle, ce h d'origine germanique s'amuit, lui aussi, tout en perdant son statut de phonème qu'il avait en ancien français. Néanmoins, l'on peut noter l'articulation de ce son encore aujourd'hui dans quelques zones frontières (en Lorraine, en Wallonie et en partie à l'Ouest de la France). Contrairement au h muet, le h aspiré empêche jusqu'à nos jours l'élision (le hareng <-> l'homme) aussi bien que la liaison (les / harengs <-> les [z] hommes).

La plupart des linguistes (parmi eux von Wartburg et Gamillscheg) attribuent le h aspiré au superstrat franc. Selon von Wartburg le français et le rhéto-roman sont les seules langues à avoir introduit le h aspiré dans leur système phonétique, thèse soutenue par la coïncidence géographique, car la population franque fut beaucoup plus dense dans le Nord de a partie septentrionale de la Galloromania que dans celle du Sud. Aussi, ce ne sont pas seulement les autres pays romans, où les mots germaniques avec h- ont-ils perdu leur initiale, mais aussi le Midi de la France:

germ. helm > it. elmo,   esp. elmo, prov. elm (mais: fr. heaume).

Pourtant, cette explication traditionnelle ne suffit pas pour éclairer les mots qui ne sont définitivement pas d`origine franque, mais latine, et qui comprennent quand - même le h. C`est ainsi que les linguistes proposent les deux solutions suivantes:

a) la théorie du croisements de mots [Diez, Gamillscheg]

b) la théorie des onomatopées   [Rheinfelder]

ad a) Selon cette théorie les mots en question sont le résultat de la contamination des mots latins avec les termes francs sémantiquement correspondants:

    altus   +   hoch [*hauh, hôh]   >   haut

    ululare +   heulen [huer (Boch/Wartburg)] > hurler

On suppose que, par la suite, le h fut ajouté aux mots de la même famille (Hautain, hauteur, hausser = anc. fr. halcer). Greive (et puis Meier qui s`appuie sur ce dernier) rejette cette théorie en reprochant aux linguistes de se fonder sur des formes germaniques non - attestées. De même, il se demande pourquoi les mots romans de la Gallo-romania du Nord se sont-ils unit si souvent avec des termes francs avec h initial et non pas avec d`autres commençant par des consonnes autres que le h (voir le w bilabial, cité ci-dessous).

ad b) Cette théorie considère le h non étymologique comme élément onomatopéique ayant une fonction expressive. Ainsi, selon Rheinfelder le h p.ex. dans les formes hérisson ou bien hérisser < lat. ericius exprime une sorte de résistance, comparable au mouvement typique d´un hérisson de hérisser ses poils.

Comme les deux thèses citées ci-dessus ne sont pas convaincantes (faute de preuve ou de cohérence), Greive propose une troisième théorie selon laquelle le h fut introduit par le besoin éprouvé de la part du locuteur de marquer phonétiquement certaines limites entre les mots. Une réduction des moyens linguistiques (sous forme des hiatus, des élisions, des homophonies aussi bien que sous celle des mots monosyllabiques) signifierait également des messages raccourcis. Meier en conclut qu'il faut examiner de nouveau les mots commençant par h aspiré classés peut-être trop vite comme résultat d'une contamination ou bien comme phénomène onomatopéique (des mots tels que hanter, hoche, hardi, heurter, hâter, harpe, hanche).

1.2 Le w bilabial

En latin vulgaire le [w] bilabial se transforma en [v] labiodental. Par contre, à l'intérieur d'un lexème, le [w] maintint sa prononciation. Dans cette position, il était précédé de [g] (p.ex. lingua). Par conséquent, le gallo-roman ne connaissait pas ce son en position initiale tandis que pour les Francs, le w bilabial en position initiale n'était rien de nouveau. C'est aux Francs que l'on attribue ce remplacement du v initial latin par leur w bilabial en position initial (voir ci-dessous). Par la suite, la fricative bilabiale germanique w fut renforcées presque partout dans la Gallo-Romania en [gw] pour être finalement réduit à un [g] occlusif au 12 e siècle: (francique) * wardon > (anc. fr.) guarder > (fr. moderne) garder

Le picard, le wallon et le lorrain, pourtant, ont conservé la prononciation germanique de [w]: warder (au lieu de garder), wasse (au lieu de guêpe, wêre (au lieu de guère).

De nombreux lexèmes, commençant par [g] avant [a], [e], [i] en français moderne, dont beaucoup de verbes, remontent à un étymon germanique: gagner, garer, garnir, guérir, guider.

Les mots francs empruntés par les Gallo-Romains se caractérisent alors par le développement [w] > [gw] > [g]. En ce qui concerne les mots latins avec h-, eux aussi, subirent cette même évolution mais non pas sans avoir substitué leur initiale par [w], ce qui les linguistes expliquent par un croisement de mots:

lat.   franc.   >   fr.
vespa + *waspa > guêpe

Meier n'exclut pas tout à fait cette théorie, mais sa critique se dirige de nouveau (voir h aspiré) contre les linguistes recourant aux formes germaniques non attestées. De même, selon ce linguiste, la théorie en question pose des problèmes de coïncidence géographique puisque le changement de v > g(w) se produisit également en Italie, en Espagne et au Portugal:

		fr. gâter
lat.	germ.	it. guastare
vastare	*wôstjan	esp. gastar

Meier est d'avis que le changement en question avait eu lieu déjà à l'époque latine et que l'on peut, en conséquence, exclure l'influence germanique. Il se prononce en faveur d'une explication résultant directement du système phonologique du latin: comme le système ne connaissait pas la combinaison consonantique [nv] (à l' exception de formes telles que invenire...), il la transforma em -mb ou en ng(u). D'après lui, les Gallo-Romains étaient habitués à la prononciation de ng(u), ce qui explique pourquoi cette combinaison vainquit celle de mb.

1.3 La diphtongaison des voyelles en syllabe tonique et ouverte

En générale, il faut distinguer deux phases de diphtongaison :

La première phase eu lieu entre le 3e et le 4e siècle et concerne les voyelles e et o se transformant en diphtongues montantes:

    pede > pie > pied

    core > cuer > coeur

Ce changement peut être observé dans toutes les langues romanes dans des circonstances tout à fait différentes. Au manque de coïncidence géographique s´ajoute celui de coïncidence chronologique, étant donné que cette diphtongaison eu lieu trop tôt pour être considérée comme suite du superstrat franc.

La deuxième phase date du 6e siècle (coïncidence chronologique) et touche les voyelles e, o, a se transformant en diphtongues descendantes:

    tela > teile > toile

    flore > flour > fleur

    mare > mer

Cette phase ne concerne que le Nord et le Nord-Est de la Gallo-Romania, ce qui parle en faveur d'une coïncidence géographique. En fait, selon von Wartburg ces évolutions sont dues au superstrat franc: Ayant eux-mêmes un système vocalique où les longues s´opposent nettement aux brèves, les Francs prononçaient les voyelles latines soit plus longues soit plus brèves que les Gallo-Romains, tout en conservant leur accent expiratoire. Cette tendance peut, par conséquent, en effet avoir renforcé la tendance du latin vulgaire d`allonger les voyelles en syllabe ouverte `a partir du 5 e siècle, tendance favorisant des diphtongaisons. Delattre, pourtant, réfute l`explication de l'influence franque en disant que d`une part le germanique occidentale a toujours été rebelle à la diphtongaison des [e] et des [o] fermés et que d'autre part la diphtongaison de ces voyelles était déjà terminée au 7e siècle, bien avant la fusion des Francs et des Gallo-Romains.

1.4 La spirantisation des occlusives intervocalique sonorisées

Après la sonorisation des consonnes intervocaliques simples dans la Romania occidentale au 5e siècle[p>b, t>d, k>g], phénomène dû au substrat celtique, les consonnes s`affaiblirent encore plus. Elles perdent leur caractère occlusif pour devenir fricatives. (p > b > v ripa, riba, rive). Dans certains cas, leur affaiblissement aboutit à leur disparition complète (vita > vida>

vie). Le provençal, par contre, conserve ces consonnes du latin du 5e siècle (b, d, g), ce qui est un des traits caractéristiques distinguant la langue d'oc de la langue d'oil:

latin	langue d'oc	langue d'oil
maturu	madur	meür
pacare	pagar	paier
sapa	saba	seve

2 La morpho-syntaxe

Faute de preuves écrites du francique, il est très difficile d' attribuer au superstrat franc des particularités du français au niveau de la morpho-syntaxe. C' est la raison pour laquelle, en générale, les linguistes se réfèrent à l' ancien allemand, langue étroitement parente au francique. Pour qu' on puisse référer une particularité linguistique à une langue dont on suppose être la source, il faut considérer les trois points suivants:

Premièrement, le phénomène en question doit avoir existé dans la langue servant de source [Quellsprache] pour la langue recevante [Empfängersprache]; deuxièmement, la coïncidence géographique doit être donnée, ce qui veut dire que l' on peut prouver l' existence du phénomène en question dans des régions où les locuteurs de la langue source étaient présents; troisièmement, la coïncidence chronologique doit être attestée, ce qui veut dire que l' on peut prouver que ce même phénomène s' est développé à une époque où les locuteurs de la langue recevante étaient en contact avec des locuteurs de la langue source.

On verra dans les points suivants que ce sont justement ces trois points qui sont très discutés parmi les linguistes comme par exemple von Wartburg, Meier, Hilty et Hunnius. En générale, l' on peut relever 5 phénomènes dus à l' influence des Francs:

a) L' antéposition de l' adjectif épithète distinctif en ancien français;

b) La conservation du système bicasuel en ancien français;

c) L' emploi obligatoire des pronoms personnels sujets;

d) Le pronom indéfini 'on';

e) Le maintien du système binaire des pronoms démonstratifs.

ad a) En latin classique, l' adjectif épithète distinctif se trouve généralement derrière le substantif à qualifier (--→ postposition), à quelques exceptions comme par exemple *alba spina* > *aubépine*. Néanmoins, en latin vulgaire, l'on peut noter assez souvent l'adjectif épithète placé devant le substantif.

Conformément au latin classique, en français moderne l' adjectif épithète est postposé à l' exception de lexèmes comme par exemple *grand, petit, bon* ou *mauvais*. D' autres adjectifs tels que *brave* ou *propre* changent de place selon leur signification.

En ancien français, pourtant, l' on peut constater une fréquente antéposition de l' adjectif épithète distinctif, en particulier les adjectifs de couleur, rupture de la ligne imaginée liant le latin avec le français moderne.

Hilty reprend l' idée de Morf qui fut le premier à attribuer à l' influence germanique cette fréquente antéposition de la classe de mots en question. Ayant étudié la position des adjectifs de couleur dans la *Chanson de Roland*, Hilty arrive à la conclusion suivante: C'est le francique connaissant également l' antéposition des adjectifs de couleur qui a renforcé et généralisé la tendance du latin vulgaire d'antéposer ce genre d'adjectifs. Il n'a, pourtant, pu contribuer à ce que l' adjectif soit toujours placé devant le substantif à qualifier. Comme l' on trouve cette antéposition en ancien allemand, Hilty en déduit la même tendance pour le francique. Ce sont deux observations qui le mènent à cette conclusion: Premièrement, l' on trouve l' antéposition de l' adjectif épithète souvent dans des textes littéraires de l' ancien français („Dis blanches mules fist amener Marsilies", voir *La Chanson de Roland*). Deuxièmement, les parlers des aires marginales du Nord et du Nord-Est, c'est-à-dire des régions fortement germanisées, ont conservé cette antéposition de l`adjectif épithète en fonction distinctive. Sa thèse est confirmée par le fait qu'un bon nombre des adjectifs concernés sont d'origine germanique (bleu, blond, blanc, gris). Il est ainsi probable que les Gallo-Romains n`empruntèrent pas seulement ces lexèmes, mais, avec eux, leur position dans la phrase. En français moderne des expressions telles que rouge-gorge ou bien sage-femme témoignent encore de cette époque.

Hunnius rejette la théorie de Hilty en lui reprochant que ses preuves sont prises d' un contexte littéraire lequel ne représente pas la situation réelle.

ad b) Tandis que le français se montre normalement très innovateur face à modifications, ce n'est pas le cas en ce qui est la conservation du système bicasuel en ancien français. Lorsque les Francs arrivèrent en Gaule, le système latin comprenant 6 cas avait déjà été réduit, successivement, à un système à deux cas. Cette réduction s` est effectuée par l' accumulation de différentes fonctionnes (auparavant attribuées à différents cas) sur un cas (Synapse). Ainsi, après une triple réduction, le latin parlé en Gaule à l' époque de l' invasion germanique disposait de deux cas: cas sujet et cas régime. Les autres langues romanes subirent ensuite une dernière réduction d` où résulte l' abandon définitif de la flexion casuelle.

Ce n` est que l` ancien français qui garde son système binaire jusqu` au 13e/14e siècle. Comment s` explique-il que le français rattrape l` évolution des autres langues romanes environ 5 siècles plus tard? Selon Hilty les Francs gardèrent le système tellement longtemps en raison de leur propre système casuel encore existant à cette époque. Ainsi, le francique a agi sur le développement de du gallo-roman en affaiblissant la tendance à une dernière réduction de cas et, en conséquence, en freinant (ralentissant) l` évolution en question.

Hunnius objcte qu`en ancien provençale, le système flexionnel resta également intact bien que l `influence du superstrat franc fût faible dans cette région. Hilty défend sa théorie en affirmant que si l`on trouve des îlots (ainsi que les mots francs) dans le Sud de la Gaule, L´on peut en conclure que les Francs y jouèrent aussi un rôle en ce qui concerne la conservation du système flexionnel à deux cas. Il ajoute que les tendances conservatrices ont besoin de beaucoup moins d` énergie pour s´ effectuer que celles qui sont innovatrices. Si l`on calcule que la disparition du système casuel se déroula en deux étapes (du Sud au Nord, puis de l` Ouest à l` Est), les arguments fournis par Hilty semblent bien convaincants.

ad c) L' emploi obligatoire des pronoms personnels sujets est également considéré comme un fait dû au superstrat franc.

Le latin exprimait le sujet par la désinence verbale (->postdétermination): canto, cantas, cantat... (voir ci-dessous). Aujourd `hui, l´ on peut constater ce même fait dans toutes les langues romanes (à l`exception du français, de l´italien parlé au Nord de l´ Italie et du rhéto-roman):

lat.	espagnol	italien	français
cánto	canto	canto	je chante
cántas	cantas	canti	tu chantes
cántat	canta	canta	il chante

Le français moderne se caractérise, par conséquent, par la prédétermination, c'est-à-dire par l`emploi obligatoire du pronom personnel sujet. Le pronom personnel sujet apparut en ancien français où il n´ était que facultatif, car les désinences du verbe suffisaient à distinguer entre les personnes différentes. Il y servait à mettre en relief le sujet (fonction emphatique) ou bien, il fut employé pour des raisons rythmiques. Ce n'est qu'en moyen français que l`emploi des pronoms devint obligatoire, ce qui fut le changement définitif de la postdétermination à la prédétermination. L´ on peut distinguer 4 théories différentes, dont seulement une concernant le superstrat franc, essayant de fournir une explication pour l`emploi obligatoire des pronoms personnels:

1) Selon Foulet c'est la perte de la distinction orale des terminaisons verbales (chute des consonnes finales, amuïssement du [ə] final) qui est responsable de cette évolution, mais étant donné que les désinences ne s'amuirent qu'au 16e/17e siècle et que les pronoms personnels sujet deviennent obligatoires déjà au 15e siècle, cette théorie ne peut être considérée comme la bonne solution.

2) Franzen est d'avis que l'acteur doit toujours être cité avant l'action pour assurer la clarté de ce qu'il est dit. Cette théorie, pourtant, est une théorie universelle qui n'explique pas pourquoi l'emploi du pronom personnel sujet devient obligatoire justement à l'époque du moyen français et que ce changement ne se produit pas également dans les autres langues romanes.

3) Kuen/Hilty attribuent le phénomène en question au superstrat. D'un côté, Hilty suppose que le francique, lui aussi, possédait le pronom personnel, car l'on trouve en ancien allemand un usage des pronoms personnels sujet semblable à celui de l'ancien français. De l'autre, il mette en relief la coïncidence géographique: dans des endroits où l'on découvre des vestiges des Francs et des Langobades, le pronom personnel sujet devint obligatoire. De même, Hilty est d'avis que la langue franque accéléra un processus déjà en cours. Néanmoins, cette théorie ne peut être soutenue pour des raisons chronologiques (voir von Wartburg, Hunnius): Supposons qu'il y ait un bilinguisme jusqu'au 8e siècle, la distance de 700 ans (l'époque où l'emploi de p.p.s. devient obligatoire) serait beaucoup trop grande.

4) La thèse avancée par von Wartburg semble être beaucoup plus vraisemblable: Il estime que le phénomène en question est dû aux règles rythmiques très précises de l'ancien français. Celles-ci exigent que le verbe occupe la deuxième place dans la phrase. Le verbe devait donc être précisé par un autre membre de phrase qui, très souvent, était le p.p.s. Le but de l'antéposition ne fut donc plus la mise en relief, mais bien l'assurance de garder la deuxième place pour le verbe. Comme les Francs avaient ce même principe de mettre le verbe à la 2e position, von Wartburg admet aussi une certaine influence franque en ce qui concerne l'emploi obligatoire des p.p.s. Cet emploi ne devint obligatoire qu'à l'époque où la conjugaison du verbe ne suffisait plus à déterminer les personnes différentes.

ad d) Quant au pronom indéfini *on*, les linguistes sont d'accord que la forme atone du cas sujet provient du mot latin <homo>. Par contre, l'origine de l'emploi de ce *on* comme pronom indéfini est très controversée. On peut distinguer trois hypothèses selon lesquelles cet emploi est dû

1) à une influence du superstrat germanique
2) à une évolution dont les commencements se trouvent déjà en latin

3) à une particularité de la langue française.

Quant à la première hypothèse, Meillet est d`avis que l´évolution du sens de *on* est uniquement due à l´imitation du *man* allemand, importé par les Francs en Gaule. Meillet se réfère aux *Serments de Strasbourg* où l`emploi de *on* en fonction d`un pronom indéfini peut être attesté à plusieurs reprises. D`autres linguistes tels que Schrijnen remarquent que les autres langues romanes possèdent également des représentants de *homo* en fonction d`un pronom indéfini. Schrijnen soutient sa thèse en disant que les traducteurs de la bible rendirent le pronom indéfini hébreu ou grec par le mot latin *homo*.

Werrenbeck refuse ces deux théories, car selon celles-ci les premiers emplois de on en fonction d`un pronom indéfini ne sont attestés qu'à partir du 11e siècle. Il est d'avis que le pronom indéfini on représente une particularité de la langue française et ne dépend ni du latin ni de l'influence du superstrat franc.

Aucune de ces thèses ne peut être réfutée. Il est probable que le latin se voyait déjà confronté avec le problème en question, peut-être encore intensifié par le superstrat franc.

ad e) Le maintien du système binaire des pronoms démonstratifs est selon von Wartburg à mettre sur le compte du superstrat franc. Le système ternaire des pronoms démonstratifs en latin, constitué de hic (1ere personne), iste (2e p.) et ille (3e p.), disparut avec la chute de hic entre le 1er et le 2e siècle. On peut expliquer la disparition de hic d´un côté par la brièveté de ses formes, de l´autre par les homophonies entre certaines formes de hic et is résultant de l`amuïssement du h au 3e siècle avant J. Chr.:

le nominatif du pluriel <ii> et <hi> ainsi que le pluriel du datif et de l`ablatif <iis> et <his> étaient prononcés de la même façon: [i:] et [i:s].

Les langues romanes réagirent de façon différente à la chute de cette triade. Le Sud de la Romania rétablit le système ternaire en utilisant ipse, tandis que le français et le roumain gardaient iste pour désigner un objet proche et ille pour un objet éloigné.

En ancien français ille qui avait plusieurs fonctions (démonstratif, article, pronom personnel) fut renforcé par ecce/eccum ce qui produit les démonstratifs en ancien français:

ecce+ ille > cel

ecce+ iste> cest.

A ce que dit von Wartburg, la réduction du système ternaire provient des facteurs inhérents à la langue latine, renforcé par le superstrat franc. Le fait que les Francs, eux aussi, ne disposaient que de deux démonstratifs et les coïncidences chronologiques ainsi que géographiques parle en faveur de cette thèse.

LITERATURVERZEICHNIS

Allgemeine Literatur: (Auswahl)

Geckeler, H./Dietrich, W. (1995), *Einführung in die französische Literaturwissenschaft*, Berlin.

Rickard, P. (1977), *Geschichte der französischen Sprache*, Tübingen.

Wartburg, W. von (^{11}1988), *Evolution et Structure de la Langue Française*, Bern, S. 14-78.

Wartburg, W. von, (1950), *Die Ausgliederung der romanischen Sprachräume*, Bern.

Superstrate:

Cloud, D./Varty, K., „The Controversy about the Origin of the Pronoun „on" in French", in: *Archivum Linguisticum*, 16 (1964), S. 125-132.

Greive, A. (1970), *Etymologische Untersuchungen zum französischen h aspiré*, Heidelberg.

Hilty, G., „Westfränkische Superstrateinflüsse auf die galloromanische Syntax", in: *RF*, 87 (1975), S. 413-426.

Hilty, G., „Westfränkische Superstrateinflüsse auf die galloromanische Syntax", in: *Festschrift für W. von Wartburg zum 80. Geburtstag*, Tübingen (1968), Band 1, 493-517.

Hunnius, K., „Zur Frage der syntaktischen Entlehnungen", in: *RF*, 87 (1975), S. 64-81.

Meier, H. (1986), *Prinzipien der etymologischen Forschung*, Heidelberg, S. 46-48; 72-74.

Meier, H., „Das französische Präfix Mé(s)- und seine romanischen Entsprechungen. Eine Etymologiegeschichte mit ungewissem Ausgang", in: *RF*, 92 (1980), S. 32-46.

Pfister, M., „La répartition géographique des éléments franciques en gallo-roman", in: *RLiR*, 37 (1973), S. 126-149.

SUR GRIN VOS CONNAISSANCES SE FONT PAYER

- Nous publions vos devoirs
  et votre thèse de bachelor et master

- Votre propre eBook et livre –
  dans tous les magasins principaux du monde

- Gagnez sur chaque vente

Téléchargez maintentant sur www.GRIN.com
et publiez gratuitement